CE

QU'ON DOIT

ET CE

QU'ON PEUT

PAR

UN MONARCHISTE

PARIS

DOUNIOL, ÉDITEUR, RUE DE TOURNON, 29

MDCCCLXXV

MONTPELLIER. — TYPOGRAPHIE BOEHM ET FILS.

CE

QU'ON DOIT

ET CE

QU'ON PEUT

PAR

UN MONARCHISTE

PARIS

DOUNIOL, ÉDITEUR, RUE DE TOURNON, 29

MDCCCLXXV

CE QU'ON DOIT

ET

CE QU'ON PEUT

L'Assemblée nationale vient de reprendre ses séances. Que va-t-elle décider ? L'heure est solennelle et le moment critique. A l'émotion qui règne dans tout le pays, on comprend que de grandes résolutions sont proches. Certes, jamais elles ne furent plus nécessaires ; jamais, depuis ce mois d'octobre 1873, pendant lequel on put croire un instant que l'heure de la tranquillité allait enfin sonner pour la France.

Situation étrange que la nôtre ! Monarchistes par tradition et par instinct, nous proclamerons peut-être demain la République; ennemis déclarés de ce qui est douteux, vague, indécis, nous voguons en plein dans l'indécis, le vague et le douteux ; intelligents, nous courbons la tête devant les ineptes; affamés de repos, nous nous maintenons dans une agitation stérile ; manquant de bonnes lois et reconnaissant le besoin urgent que nous avons d'en établir, nous en faisons d'incomplètes — voire même de détestables — et nous laissons de côté celles qui seraient pour nous d'un intérêt vital.

En vérité, où allons-nous ? Quel est donc l'élément qui nous manque ? Est-ce la vertu, le courage, l'audace, la notion vraie des choses ? Peut-être toutes ces qualités à la fois. Dieu veut-il nous punir en nous privant de cette virilité qui était autrefois notre orgueil dans la paix, notre force dans la guerre, notre espérance au moment des désastres ? C'est possible et c'est probable. Mais Dieu, qui nous accable et nous affaiblit, ne nous défend pas cependant les efforts généreux ; s'ils sont difficiles, ils n'en deviennent que plus méritoires. Mais de quel côté les diriger ?

En d'autres termes, d'où vient le mal de l'heure présente ? Nous avons à notre tête un homme que tous les partis — sauf celui de la rue — aiment et respectent ; une armée disciplinée maintient l'ordre ; toute facilité est donnée au commerce, à l'agriculture, à l'industrie. Pourquoi donc, depuis un an, le pays souffre-t-il d'un malaise qui croît tous les jours ? Pourquoi cette stagnation des affaires, cette timidité des capitaux, cette accumulation des produits ? Pourquoi cette crainte de l'avenir, cette notion, évidente pour tous, que le pays sombre ; si évidente qu'un évêque illustre, toujours prêt à défendre les droits de l'Église et ceux de la France, a pu s'écrier naguère : « Nous marchons vers les abîmes. Qui ne le voit ! Qui ne le sent....! »

A cette question, la réponse est facile.

Tout le monde avait vu dans le Septennat la trêve des partis ; tout le monde, sauf les partis eux-mêmes. Là où il fallait élucider des questions importantes, on a discuté vainement ; là où il fallait à tout prix légiférer, on n'a pu s'entendre Sans doute la Chambre a accompli quelques travaux importants , il serait injuste de ne pas le reconnaître : les lois sur le service obligatoire, sur la réorganisation de l'armée, sur les impôts, la loi municipale, — même avec ce qu'elle a d'incomplet — ont leur utilité réelle. Mais que de temps perdu, que d'agitation sans résultat !

Républicains de toutes nuances, monarchistes de toutes couleurs, ne songent qu'à leur parti. Si encore les républicains se préoccupaient uniquement de la *République*, si les monarchistes ne songeaient qu'à la *Monarchie* !

Mais non : chaque groupe de députés veut voir le succès de la République de son choix ou de la Monarchie qui a ses préférences. Le pays reproduit en grand les agitations de la Chambre ; de sorte que nous voyons les plus généreuses intentions, les désintéressements personnels les plus vrais, les connaissances les plus réelles, aboutir à l'irrésolution, à la méfiance, à l'inertie.

Réunis par groupes, les conservateurs sont intraitables ; pris isolément, ils raisonnent à merveille. «Il faut agir, dit chacun d'eux ; la situation ne peut durer ; le mal dont souffrent le pays et l'Assemblée, c'est l'équivoque : il faut une solution ; il faut prendre un parti sûr, décisif, qui fixe pour jamais la nation.»

— Sans doute ; mais quelle solution, quel parti? — Ici chacun redevient l'homme de telle ou telle cause politique, et s'écrie plein de conviction : «C'est en moi qu'est le salut !»

Non; ce n'est pas en vous, car vous ne pourrez convertir qu'un petit nombre d'individus. Ce qu'il faut, c'est une solution qui satisfasse tout le monde, ou du moins le plus grand nombre. Pour atteindre ce but, il ne s'agit pas de vouloir ceci ou cela ; *il faut voir ce qui est possible.*

Mais ce qui est *possible* ne *doit* pas toujours être fait.

On ne réfléchit en général pas assez à ces deux idées de *devoir* et de *pouvoir*, qui se complètent l'une l'autre, tout en se faisant mutuellement équilibre. Lorsque nous avons besoin de prendre une détermination importante et difficile, ces deux idées bien comprises nous éclairent et nous fortifient.

La sagesse consiste à apprécier exactement ce qu'on *doit* et ce qu'on *peut.* Ceci fait, il faut absolument se résigner à mesurer, non le devoir, mais son accomplissement, aux forces dont on dispose.

« On peut tout ce que l'on veut, dit-on, et il faut vouloir tout ce que l'on doit. » Maxime fort belle, mais profondément erronée. Sans doute, il faut vouloir tout ce que l'on doit, mais tous les jours nous nous apercevons que l'on ne peut tout ce que l'on veut.

L'Assemblée nationale en est là. Elle oscille entre divers partis. Ce qu'elle pourrait, elle ne veut pas le faire, parce qu'elle ne le doit peut-être pas ; ce qu'elle devrait exécuter, elle ne se sent pas sûre de pouvoir l'accomplir. Nos députés comprennent qu'il faut agir énergiquement, qu'ils sont tenus de prendre une détermination. Mais laquelle ?

C'est pour essayer de débrouiller cette inconnue que je me propose d'examiner ce que la Chambre *peut* faire et ce qu'elle est incapable d'exécuter. Une fois sa puissance connue, il sera facile de voir si ce qu'elle *doit* à elle-même et au pays est en harmonie avec les forces dont elle dispose.

I.

La dissolution est un de ces partis que l'Assemblée *pourrait* prendre avec la plus grande facilité.

Parmi les députés, les uns verraient dans cette détermination l'approche d'élections selon leur goût; les autres, fatigués de luttes inutiles et sans cesse renaissantes, ne laisseraient pas échapper l'occasion de se débarrasser d'un fardeau trop lourd pour eux; d'autres, espérant que des élections absolument radicales éclaireraient le pays et amèneraient enfin une réaction de tous les gens de bien, appuieraient le projet de dissolution; de telle sorte que, si une proposition semblable était faite à la Chambre, on pourrait voir toute la gauche et le centre qui l'avoisine, le groupe des bonapartistes, l'extrême droite et peut-être une partie du centre droit, voter en faveur du projet.

Je ne dis pas que ce résultat serait forcément atteint; mais la possibilité d'une résolution semblable, prise par l'Assemblée nationale dans un moment de surprise ou d'irritation, existe réellement. Ce qui le prouve, c'est que le pays y songe et s'en préoccupe.

Il ne serait pas impossible non plus que la République fût proclamée. La question peut, d'un moment à l'autre, être soumise à la Chambre, et alors Dieu sait ce qui arrivera!

Toutes les gauches et le centre gauche voteront pour la République, ce qui formera déjà un assez bel ensemble. Pour peu que quelques députés, las d'une situation sans issue et s'illusionnant encore sur le compte des républicains, se détachent du centre droit, la majorité sera acquise au projet.

L'appoint des bonapartistes n'est pas à dédaigner, et il n'est pas dit qu'ils ne le fournissent pas; car la République amènera forcément l'anarchie, et ils savent par expérience que dans les moments de trouble leur rôle grandit, leur intervention devient naturelle, leur mission est presque considérée comme providentielle par une partie du pays.

Il serait puéril de croire que les divergences d'opinion qui existent entre les républicains empêcheraient la réussite du projet. J'admets que la République de M. Casimir Périer ne soit pas celle de M. Christophle; je suis sûr que cette dernière diffère sensiblement de celle de MM. Gambetta et Barodet. Mais qu'importe ! Les républicains, à défaut d'autres qualités, ont au moins le bon sens de faire passer la question générale — non pas avant leurs intérêts personnels — mais avant leurs préférences particulières. Dans ce camp, personne ne se trompe sur le compte de son voisin ; chacun n'en poursuit pas moins sa petite idée personnelle, persuadé qu'il saura la faire réussir en dépit de tous les frères et amis. La République sera donc acclamée par tous les républicains et même par quelques-uns de ceux qui ne le sont pas. On assurera le vote aujourd'hui, sauf à se déchirer mutuellement après la victoire.

Mais il y a plus : si la droite cessait de fournir au

gouvernement un appui qui ne devrait jamais lui manquer, le Maréchal, lié par la mission que le pays lui a confiée, et qu'il ne peut accomplir sans être soutenu par une majorité réelle, s'efforcerait peut-être de reconstituer celle-ci en se tournant vers le centre gauche.

La République aurait alors un atout de plus dans son jeu.

Sous les gouvernements les plus constitutionnels, les hommes qui sont au pouvoir peuvent faire intervenir, au profit de leurs idées, de nombreuses et légitimes influences. Il serait absurde de méconnaître ce fait, qui est de tous les temps. Si les ministres, à un moment donné, décidaient que la République peut seule assurer un repos nécessaire, ils rallieraient, par cela seul, bien des gens à cette forme de gouvernement.

Il n'y aurait là rien d'illégal, quoi qu'on puisse dire. Ce serait déplorable, j'en conviens, et je le montrerai. Mais illégal ! En quoi donc, s'il vous plaît ?

Le pays est gouverné par un homme que tous les gens de bien devraient entourer du concours le plus loyal. Pourquoi ne le soutient-on pas ? Pourquoi ces tracasseries qu'on lui fait subir, ces reproches qu'on lui adresse ? On veut qu'il prenne des résolutions absolument satisfaisantes. En effet, c'est si facile ! Ce que désire tel groupe de députés est repoussé avec acharnement par tel autre ; un projet qui devrait satisfaire les honnêtes gens, parce qu'il assure l'avenir du pays, est rejeté s'il ne favorise pas les espérances dynastiques ou républicaines. On est, à notre époque, par passion de parti, cent fois plus difficile qu'on ne le serait si la situation était très-régulière, le pays parfaitement calme, le gouvernement solidement assis.

Les moindres démarches des ministres et du Maréchal sont soumises à une critique acharnée dont on rougirait en toute autre circonstance. Tantôt c'est vers l'Italie, tantôt c'est vers l'Espagne, que des regards prompts à découvrir les plus petites fautes, les plus légers prétextes à opposition, se tournent avec ardeur. Au lieu de dissimuler les misères de notre malheureux pays, on les étale au grand jour, sans songer à dissimuler les déboires que nous imposent nos malheurs et notre faiblesse. Pourquoi parler sans cesse de « nos humiliations », de « nos abaissements » ? En vérité, il semble que ce sont là des titres de gloire, à voir l'ardeur avec laquelle certains journaux les mettent en avant. Si nous sommes malheureux, pleurons en silence ; si nous sommes faibles, tâchons de retrouver notre force ; si le présent est dur, songeons à l'avenir ; mais, de grâce ! que l'étranger ne voie ni nos rougeurs, ni nos larmes ! Ce n'est pas à nous à les lui faire remarquer.

Le chef du gouvernement souffre plus que personne de cette situation, dont il supporte tout le poids avec un dévouement et une abnégation que l'histoire enregistrera avec orgueil. La tâche qui lui incombe est bien lourde ; ne la rendons pas plus pesante. Veut-on qu'il se retire ? A Dieu ne plaise ! Sans lui, nous serions déjà en pleine Commune. S'il s'en va, nous y serons demain. Mais s'il reste au pouvoir, ne cessons pas de le soutenir. Si nous lui tournons le dos, il se dirige vers la gauche ; c'est bien naturel.

Dans le cas où le gouvernement, à un moment donné, se déciderait à agir ainsi, il subirait une nécessité ; *il ne ferait pas une concession* (comme on le dit, comme on le répète à satiété). Et quand même il en ferait une ! Quel est le gouvernement qui n'est pas obligé d'en passer par là? La vie n'est-elle pas toute de concessions? Croit-on qu'il en soit autrement de la vie politique?

Au lieu de dire que le Maréchal ferait une concession au centre gauche en favorisant la République, nous ferions mieux de reconnaître qu'il prendrait ce parti parce que nous l'aurions empêché de s'arrêter à un autre. Si nous avons un projet qui puisse être accepté par les principaux groupes conservateurs de l'Assemblée, proposons-le sans hésiter (j'examinerai tout à l'heure si le fait est possible); si non, ouvrons les yeux, voyons où nous allons, et donnons au Maréchal, franchement, sans arrière-pensée, tout l'appui dont il a besoin.

En somme, par une raison ou par une autre, il est évident que la Chambre *peut* proclamer la République, de même qu'elle *peut* se prononcer pour la dissolution.

Que reste-t-il maintenant des résolutions que l'Assemblée a le pouvoir réel de prendre?

Il en est une dernière: c'est celle qui consiste à conserver la situation actuelle en organisant le Septennat.

Bien simple en lui-même, ce projet ne laisse pas que de présenter dans la pratique des difficultés sérieuses. Il a contre lui les députés de l'extrême droite, qui, regardant le Septennat comme une assez mauvaise institution (quoique la plupart d'entre eux aient eu le bon sens de le voter), sont peu disposés à le fortifier en l'organisant. La dernière lettre de Monsieur le Comte de Chambord, dans laquelle il conseille à ses amis « de ne rien faire qui pourrait retarder l'avénement de la Monarchie et de ne pas voter la constitution du Septennat », détachera peut-être de la droite modérée — favorable, en général, à l'organisation du Septennat — un certain nombre de voix. Les députés de la gauche sont hostiles: Le groupe des bonapartistes persistera à demander l'appel au peuple et votera probablement contre le gouvernement. Restent les deux centres et une partie de la droite. Sans doute ces groupes formeraient encore une majorité assez compacte. Mais il y a d'autres difficultés.

Le centre gauche, en admettant qu'il se rallie franchement à l'idée de voter les lois constitutionnelles — ce qui n'est pas encore prouvé — voudra donner à ces lois une allure républicaine ; le centre droit et la droite demanderont, de leur côté, que le Septennat se rapproche, par ses institutions, des gouvernements monarchiques ; de telle sorte qu'au milieu de toutes ces difficultés, entre le Septennat personnel et le Septennat impersonnel, la Chambre unique et les deux Chambres, le droit de dissolution de l'Assemblée réservé au chef du pouvoir exécutif ou à l'Assemblée elle-même, etc..., la question est exposée à ne pas aboutir.

Cependant tout espoir pour elle n'est pas perdu. Elle peut avoir une solution heureuse; ce qui me permet de ranger aussi l'organisation du Septennat parmi les projets dont la réalisation est possible.

Voilà donc ce que la Chambre peut faire. Mais ce qu'il lui est absolument impossible de constituer, c'est la Monarchie, qu'elle s'appelle Monarchie de l'empire, Monarchie de la branche cadette ou Monarchie de la branche aînée.

L'Empire est impossible, à cause du petit nombre de députés bonapartistes qui figurent à la Chambre.

L'Orléanisme ne peut davantage aboutir. La loyale déclaration du Comte de Paris empêche ce prince d'accepter la couronne. D'ailleurs, le centre droit ne serait pas suffisant, même en ralliant une partie du centre gauche, pour faire réussir le projet. La Chambre, à l'heure actuelle, ne peut donc pas plus établir la Monarchie de la branche cadette que celle de l'empire.

Reste la Monarchie de la branche aînée, la Monarchie séculaire et traditionnelle. Celle-là, malheureusement, n'a pas aujourd'hui en sa faveur plus de chances que les deux autres.

J'aborde ce sujet avec peine. La plupart de mes amis appartiennent à cette fraction du parti légitimiste qui refuse toute concession. Sans penser comme eux, je suis fermement attaché, par tradition de famille et par raison, au principe qui a fait longtemps la force de mon pays. Je ne puis donc sans trouble parler de ces choses, surtout lorsque je suis obligé de reconnaître que la Monarchie que j'aurais désirée est impossible.

Je ne crois pas trop m'avancer en disant qu'un très-grand nombre de légitimistes ont été deux fois, dans ces derniers temps, profondément désillusionnés : en premier lieu, lors du manifeste de M. le Comte de Chambord, dans laquelle le Prince se prononçait pour le drapeau blanc ; la deuxième fois, au mois d'octobre 1873, lorsque parut cette fatale lettre qui a produit dans le pays une émotion aussi douloureuse qu'inattendue. Si je rappelle ces deux faits, qui en somme n'en font qu'un, c'est qu'ils sont la cause principale de la langueur dans laquelle nous végétons, la cause *unique* de l'impossibilité de l'avénement de Henri V.

Berryer appréciait sûrement la situation lorsqu'il disait que le drapeau de la France devait devenir *le symbole de l'union*, LE LIEN DU PASSÉ ET DU PRÉSENT, *la conciliation de tous* ; que notre *seul ennemi était le drapeau rouge*. Il est fâcheux qu'on n'ait pas vu comme lui. Il est déplorable qu'on n'ait pas compris que la sagesse, en politique, ne consiste pas à adopter une règle absolue de conduite, à dire « je céderai toujours», ou «je ne céderai jamais», mais à bien apprécier l'opportunité des concessions, à les refuser quand elles sont nuisibles, à les accorder sans hésitation lorsqu'elles sont nécessaires.

Mais à quoi bon revenir sur le passé? Ne suffit-il pas de reconnaître tristement que pour le présent il n'y a rien à faire?

Tous les membres de l'Assemblée nationale ne sont pas de cet avis. Il en est qui préparent peut-être, à l'heure actuelle, un plan de campagne pour réaliser ce qui paraît irréalisable. Laissons-les à leurs illusions généreuses ; elles sont trop nobles et indiquent des convictions trop réelles pour qu'on ne respecte pas profondément ceux qui les possèdent. Mais, à côté de l'opinion particulière de ces hommes de bien, il y a la voix publique, l'opinion générale, l'examen froid des faits. Or, tout cela crie : Non, la proclamation de la Monarchie dans les conditions régulières — c'est-à-dire en reconnaissant comme souverain Monsieur le Comte de Chambord, et l'installant à *bref délai* sur le trône — ne peut pas se faire !

Les députés qui pourraient favoriser ce projet sont en très-petit nombre. On ne doit pas demander aux hommes plus qu'ils ne peuvent donner. Il faut tenir compte des faiblesses propres à l'esprit humain, des méfiances, des rancunes, des doutes. Vous voulez que tous ces sentiments disparaissent ! C'est impossible; on ne serait pas homme si on ne les avait pas.

Le centre droit n'a pas beaucoup à se louer des députés royalistes et de leurs organes. On a un peu trop abusé vis-à-vis de lui des mots éternels « d'intrigues » et de « passions tricolores ». Il ne consentira jamais à reconnaître ainsi brusquement, sans transition, sans que les événements aient rendu possible un accord véritable entre le « roi » et la « nation », la Monarchie traditionnelle. Celle-ci serait donc votée avec enthousiasme par les membres de l'extrême droite, plus froidement par ceux de la droite, qui tiendraient cependant à honneur de mourir autour du drapeau, tout en déplorant sans doute l'inopportunité de la campagne entreprise. Mais en somme, repoussée par les autres députés, la proposition n'aurait servi qu'à nuire à la cause royale, à la discréditer dans l'opinion, à la convaincre notoirement de faiblesse.

L'heure de la restauration monarchique a sonné une fois, une fois seulement ; on ne l'a pas entendue.

Les députés royalistes courent en ce moment au-devant d'un échec qui sera peut-être irréparable. Avec les idées de Monsieur le Comte de Chambord, avec son désir bien arrêté de substituer son propre drapeau à celui de la France, avec sa Monarchie sans conditions et sans constitution préalable, l'entente, indispensable au succès, n'est pas possible sur le terrain de la restauration; tout au plus pourrait-elle se faire autour d'un Septennat monarchique.

Ceci saute aux yeux de tous les gens qui raisonnent de sang-froid sur ces choses. La Monarchie n'a pu se faire l'an dernier, alors que les conservateurs — quoique déroutés par la lettre de Monsieur le Comte de Chambord — formaient cependant un faisceau compact et respectable ; elle se fera bien moins encore aujourd'hui, que l'union n'existe plus.

Si la majorité est détruite, me direz-vous, à qui la faute ? — Hé ! mon Dieu ! à tous peut-être. Ne récriminons pas ; constatons le fait ; reconnaissons le mal, et efforçons-nous d'y porter remède.

Donc, *possibilité* pour l'Assemblée nationale de prononcer la dissolution, de proclamer la République ou d'organiser le Septennat ; *impossibilité* d'établir une Monarchie avec un souverain quelconque.

Il faut examiner maintenant, au point de vue du *devoir*, les quatre solutions précédentes.

Quelles sont celles que l'on *doit* choisir, celles que l'on *doit* éviter ?

La Chambre ne doit pas prononcer la dissolution, pas plus qu'elle ne doit proclamer la République.

En vertu de ses pouvoirs souverains, elle aurait *strictement* le droit de se dissoudre. Elle ne doit pas le faire cependant pour trois raisons : parce que sa dignité le lui défend, parce que l'intérêt du pays s'y oppose, parce que nos adversaires le demandent.

Sa dignité le lui défend. A un moment donné, la France, à bout de ressources, épuisée par une guerre sanglante, a nommé des hommes en qui elle avait toute confiance pour conclure une paix fatalement nécessaire et pour réorganiser le pays. Cette double mission est-elle accomplie ? Non. Les députés doivent-ils se séparer avant d'avoir complétement rempli leur mandat ? Non encore. S'ils le faisaient, ils agiraient comme ces enfants qui promettent d'accomplir en entier leur tâche et l'abandonnent à mi-chemin, découragés par les difficultés qu'ils rencontrent. Quand on est homme politique il n'est pas permis de se rebuter, pas permis de se laisser aller au découragement. La tâche à accomplir était immense, personne ne le conteste. Vous vous êtes engagés à la remplir intégralement, allez jusqu'au bout. Le pays tout entier — je veux dire la masse des gens honnêtes et consciencieux — compte sur votre énergie et votre intelligence ; il a besoin de recevoir de vous, ses mandataires et ses souverains, l'exemple du courage, de la persévérance, de l'abnégation. Si les défaillances viennent de vous, que voulez-vous qu'il fasse? Les dangers sont grands; raison de plus pour rester. La tempête augmente tous les jours ; raison de plus pour ne pas abandonner le gouvernail. Votre dignité personnelle, l'importance de votre position, la conscience des obligations qui vous incombent, tout vous prescrit de ne pas abandonner, au jour du danger, un poste d'honneur et de confiance.

D'ailleurs, l'intérêt du pays l'exige impérieusement. Si la Chambre se dissout, il n'y a que deux éventualités possibles : ou un homme énergique fera un coup d'état, ou le pays, convoqué pour les élections générales, enverra à Versailles une Assemblée exclusivement radicale.

Dans le premier cas, la tranquillité sera assurée pour un temps, c'est vrai. Mais après? Les partis se réveilleront plus menaçants ; les ambitions, comprimées pendant quelque temps, renaîtront plus démesurées ; l'irrésolution sera plus menaçante, le doute plus perplexe. L'abîme, en fin de compte, est au bout de ces actes violents.

C'est donc là une éventualité redoutable. Ne dites pas que vous ne voyez pas d'homme désireux de faire un coup d'état, ou capable de l'accomplir. Ces hommes-là, il y en a partout, dans tous les camps. Lorsqu'ils sont honnêtes et désintéressés, le pays, pendant la durée de leur pouvoir, peut se faire illusion et s'endormir sur un sol qui paraît solide. La secousse n'en est que plus forte au réveil. Mais le plus souvent ce sont des ambitieux qui usent de tous les moyens et épuisent le pays avant de le conduire à sa perte.

Faut-il donc repousser indistinctement tous les coups d'état ? Non pas absolument. Je m'explique.

Personne ne pourrait blâmer l'homme honnête et fort qui agirait contre les lois de son pays pour le sauver d'un désastre *certain* et *imminent*. Avant tout, il faut que le pays vive, fût-ce au prix d'une illégalité. Quand on est au pouvoir, on répond de la patrie ; et tel qui dans aucun cas ne foulerait aux pieds la loi s'il s'agissait d'intérêts personnels, n'hésitera plus lorsqu'il songera que plus tard on aurait le droit de lui dire : Vous auriez pu ce jour-là sauver votre pays, et vous l'avez laissé périr !

Mais c'est là une ressource suprême à laquelle il n'est pas permis de songer d'avance. Une résolution de cet ordre relève uniquement de la conscience ; chacun, à un moment donné, pourrait peut-être la prendre ; nul n'oserait la conseiller.

S'il n'y a pas de coups d'état, le pays procédera dans un

délai assez court à des élections nouvelles. Il n'est pas nécessaire, je pense, d'indiquer ce qui se passera. Les élections municipales du mois de novembre nous donnent un avant-goût de celles qui auront lieu à ce moment. Nous aurons une Chambre dans laquelle l'extrême droite sera composée de quelques membres actuels de la droite et du centre droit ; la droite sera formée par le centre gauche de nos jours ; tout le reste sera exclusivement radical.

L'Assemblée ainsi formée réalisera tout d'abord, par trois résolutions importantes, le rêve caressé amoureusement par toutes les barbes incultes de l'époque. En premier lieu elle proclamera la République ; puis elle prendra le nom de Convention nationale ; après quoi elle décidera le retour de l'Assemblée à Paris.

Elle inaugurera son séjour dans la capitale en déclarant que MM. Paschal Grousset, Gaillard, Rochefort, Vermesch et consorts ont bien mérité de la patrie, et elle les fera rentrer en France à toute vapeur. Une grande fête nationale leur sera offerte. Dès le lendemain, les clubs ouvriront leurs portes, et les beaux jours renaîtront. Puis, à la première délibération annoncée par la Chambre, le peuple souverain — sous le prétexte de prendre des nouvelles du mandat impératif — entrera, sans se faire annoncer, dans la salle des séances et s'assurera par lui-même que ses sujets comprennent bien sa pensée. Or, comme le souverain en question n'a pas, en général, la plus petite pensée, et qu'il est dès-lors assez difficile de la comprendre, il trouvera sans peine l'occasion de n'être pas satisfait et témoignera à sa manière son mécontentement. Pour calmer la colère du maître, nos *honorables*

n'auront rien de plus pressé que de décréter l'organisation de la Commune, en distribuant d'une façon intelli-
gente les emplois et les portefeuilles.

Mais le Maréchal, que fera-t-il pendant ce temps ?

— Le Maréchal ! Ou il enverra le peuple souverain
prendre un bain dans la Seine (s'il doit en venir là, ce
n'était vraiment pas la peine de laisser se former l'Assemblée nouvelle), ou bien il se retirera; et alors, la seule
digue qui pouvait retarder quelque peu l'envahissement
du flot étant enlevée, l'eau montera de toutes parts et le
pays sera rapidement englouti.

En somme, la Commune dans un avenir très-prochain,
voilà ce qu'amènera forcément la dissolution de l'Assemblée. Avais-je tort de dire que l'intérêt du pays exige
impérieusement que la Chambre actuelle poursuive son
œuvre ?

D'ailleurs, nos adversaires demandent qu'elle s'en aille:
donc il faut à tout prix qu'elle reste. Lisons les feuilles
radicales de toutes nuances, prêtons l'oreille aux racon-
tars des frères et amis, écoutons leurs gais propos après
boire ; tout se résume en un mot : «Dissolution ! l'Assemblée est impuissante, qu'elle se retire ! » Heureusement
les événements du passé commencent à nous éclairer quelque peu, nous, conservateurs. Nous savons que lorsque
nos adversaires nous poussent à une démarche quelconque
nous avons juste le temps de prendre une détermination
tout à fait opposée. Aussi au mot « dissolution immédiate »
nous répondons en disant : « prolongation jusqu'à la fin
du Septennat ». L'expérience ne saurait nous tromper. Les
radicaux nous engagent à mettre sur *la rouge*, mettons sur

la noire, et nous gagnerons à coup sûr la partie ; le procédé est infaillible.

Donc, pas de dissolution. Je suis heureux de pouvoir ajouter : pas de République.

Pas de République ; car si la dissolution doit nous donner la Commune aujourd'hui, la République assurément nous la donnera demain.

La République est, de tous les gouvernements, celui qui nous divise le plus ; il a en effet le secret de diviser jusqu'aux républicains eux-mêmes. On a parlé des dissentiments qui existent entre les monarchistes ; ils sont dépassés de beaucoup par les discordes du camp démocratique. On trouve dans ce camp les éléments les plus disparates; tous cependant — chose singulière et propre au parti — solidaires les uns des autres. Tel groupe animé des intentions les plus modérées, est relié par la force des choses à la fraction la plus féroce, de façon à partager la responsabilité des actes odieux qu'elle commet , que dis-je ? de façon à ne pas pouvoir — ou à ne pas oser — désavouer ces actes. Or, comme en République les modérés sont toujours renversés par les violents, il en résulte que, commençant notre cycle révolutionnaire avec la République rose de M. Dufaure, nous sommes sûrs, dans un temps plus ou moins long, de nous baigner les pieds dans le sang avec M. Vermesch.

Sans doute MM. Dufaure, Christophle, Grévy, ont les meilleures intentions du monde. Ils ont la conviction qu'ils sauront se maintenir et empêcher les violences. Le malheur, c'est que le pays ne la partage pas. Quand il s'agit de cette bête noire que l'on appelle « la République», le pays regarde de suite la queue, et il la trouve si forte, si hérissée, si menaçante, si bien enroulée autour de MM. Dufaure, Christophle et autres modérés, qu'il se demande comment ces gens-là pourront se désentortiller et surtout empêcher les évolutions redoutables de cette queue. Si celle-ci veut abandonner sa position naturelle et se placer en tête, MM. Dufaure, Christophle, etc., auront bien assez à faire pour n'être pas broyés dans ce mouvement ; le pays se débrouillera comme il pourra.

Reconnaissons-le une fois pour toutes. Ces évolutions redoutables, ces secousses qui placent en avant ceux qui devraient être en arrière, sont forcées, propres à la République et ne se voient qu'en République. Il suffit de réfléchir un instant pour être convaincu de ce fait. Dans une Monarchie, l'immense majorité des gens sait bien qu'elle ne peut arriver à de grands honneurs ; elle n'y vise pas, elle n'y songe jamais. On a un souverain, c'est-à-dire un homme placé fort au-dessus de tous les autres. Le roi prend ses ministres et ses conseillers parmi cette noblesse de l'intelligence ou du sang, si nombreuse en notre pays. C'est là une région à peu près inabordable au commun des mortels. Ces conditions sont connues et acceptées de tous. Chacun se contente de vivre le mieux possible ; le bourgeois s'occupe de son commerce, l'ouvrier est à son travail, aucun d'eux ne songe à devenir ministre, ni même... souverain.

Dans une République, il en est tout autrement. Les principes démocratiques ont pour résultat immédiat et presque fatal de troubler la tête la plus solide, de fausser le jugement le plus droit, de corrompre le cœur le plus

honnête, et cela en excitant chez les humbles une ambition démesurée. L'égalité à outrance donne au dernier
des citoyens la pensée de parvenir aux plus hauts emplois. Sous la République, pas de gueux qui n'espère
posséder un château ; pas d'illettré qui ne puisse un
jour devenir ministre de l'instruction publique ; pas de
repris de justice qui, dans le secret de son cœur, n'en-
trevoie la possibilité de devenir — sous une Commune
quelconque — garde des sceaux ou ministre des fi-
nances.

Il est triste que les choses se passent ainsi. Il est des
pays plus sérieux que le nôtre et dans lesquels la République peut vivre sans donner lieu à ces abus. Mais nous
ne sommes ni aux États-Unis, ni à Buenos-Ayres, ni en
Espagne, ni en Suisse ; — et encore ai-je peut-être le droit
de demander si dans ces divers pays la loi peut empêcher
les violences et les guerres civiles ; — nous sommes
en France ; il s'agit des mœurs, des habitudes, des
allures de la France, et je dis (après bien d'autres) que
ces habitudes et ces mœurs sont telles que chez nous la
République finit toujours par tomber « dans le sang ou
dans l'imbécillité ».

Ce mot, devenu célèbre, ferait-il sourire ? Regardons
du côté de la Prusse : celle-là en comprend la portée ;
aussi ne néglige-t-elle rien pour préparer le triomphe de
ce gouvernement, qui la sert mieux que tout autre. A
la fin de l'année 1872, M. de Bismark s'exprimait en
ces termes : « Si un prétendant monarchique arrivait
au pouvoir, les puissances nous inviteraient amicalement
à accorder, pour le paiement, *des concessions que nous
refusâmes à la République* ».

Est-ce assez clair? Veut-on achever notre ruine?
veut-on favoriser les desseins de la Prusse? Qu'on nous
donne la République. Mais certes, j'ai bien le droit de
dire que l'Assemblée *ne doit pas* nous gratifier d'un
cadeau pareil.

Ainsi donc, la dissolution de l'Assemblée et la proclamation de la République sont deux résolutions *possibles*, mais qui ne *doivent* pas être adoptées, à cause des
dangers qu'elles feraient courir au pays.

La Chambre *doit*, au contraire, se prononcer pour
l'une des deux autres : organisation du Septennat, ou
proclamation d'une Monarchie.

Elle le doit, car le Septennat, devenu plus fort, donnerait probablement au pays plus de sécurité ; et c'est là ce
qui manque.

Elle le doit, car la proclamation de la Monarchie assu-
rerait pour jamais l'avenir. « J'ai eu foi, disait Berryer,
dans la puissance d'un principe pour conserver, maintenir, développer, agrandir, rendre puissante la société
humaine, non pas par la puissance des rois..... Ils sont
rares, ces grands génies que la succession amène sur le
trône ; ils sont rares, trop rares..... Mais le principe qui
vit en eux, qui assure la stabilité du pouvoir, qui par
conséquent assure la liberté et la hardiesse d'un grand
peuple, sous cet ordre sérieusement, fortement établi et
non contesté, oh ! je comprends sa puissance, *non pas
pour l'intérêt de la personne-roi*, mais pour l'intérêt du
peuple, qui, sous la fixité de l'ordre qui le constitue, de
la loi qui le constitue, sent la liberté de son action, l'in-

dépendance de sa vie et la faculté d'exercice de toutes ses puissances ! »

Voilà donc deux projets en présence. Lequel choisir ?

Tous les deux sont prescrits par le devoir. L'un est excellent: la proclamation de la Monarchie, mais il paraît malheureusement impossible ; l'autre est moins bon, mais, en dépit des difficultés qu'il présente, il peut être exécuté.

La logique et la force des choses paraissent donc, au premier abord, se prononcer pour le Septennat, c'est-à-dire pour le maintien du *statu quo* avec une organisation plus complète.

II.

La logique et la force des choses prescrivent d'organiser le Septennat. Mais les faits sont-ils en rapport avec la logique ? La force des choses s'impose-t-elle, pour le cas actuel, d'une façon absolue ? La question vaut la peine qu'on l'examine.

L'an dernier, le Septennat a été la planche de salut que la Providence nous a fait voir au milieu de la tempête. Aujourd'hui on se demande si, même avec une organisation sérieuse, il répond à tous les besoins. Pendant l'année qui vient de s'écouler, nous avons pu le voir à l'œuvre. On attendait beaucoup de lui. Il n'est qu'une voix pour affirmer qu'il n'a pu mettre fin à l'anxiété générale, aux irrésolutions entre lesquelles oscille le

pays. La faute en est, non au gouvernement — il a fait
tout ce qu'il pouvait faire — mais à la forme qu'on lui
a donnée.

En dépit de l'organisation la plus forte, des lois constitutionnelles les mieux élaborées, le Septennat restera
toujours insuffisant, parce qu'il sera toujours vague et
indécis. Comme un député le disait tout récemment :
« Le pays comprend un gouvernement défini par un nom
qui est République, Empire ou Royauté ; il ne comprend
pas un gouvernement sans nom comme le Septennat. »
Jamais on ne persuadera aux partis — surtout aux partis
extrêmes — qu'ils n'ont pas le droit de s'agiter pour
établir un gouvernement de leur choix, alors que la situation du pays sera transitoire et que la forme adoptée,
n'étant ni une Monarchie, ni une République, devra forcément, à un moment donné, céder le pas à quelque
chose de définitif. Chaque parti se dira en secret que si
une bonne occasion se présente, il ne la laissera pas
échapper; il aura à ses yeux l'excuse assez bonne de ne
rien tenter d'illégal; il essaiera de faire plus tôt ce qu'il
aurait fait plus tard, voilà tout. Avec une pareille agitation
des esprits à la Chambre, il est impossible que le pays
retrouve la tranquillité dont il a un si pressant besoin.

Or, prétendre mettre fin à cette agitation est chose
insensée. On empêchera les émeutes, les désordres de la
rue, je le veux bien ; mais l'ordre dans les esprits, la
confiance, l'idée que tout est fixé, que l'avenir est sûr,
rien ne pourra les faire naître. Voulez-vous voir la fin
des disputes entre les partis ; choisissez un d'entre eux,
mettez-le à votre tête et rendez-le fort; hors de là, point
de salut.

En un mot, une forme *nette* et *définitive* de gouvernement est nécessaire pour faire cesser l'angoisse générale.
Nos adversaires le savent bien, et ils font preuve sans
peine d'une grande habileté, lorsqu'ils crient sur les
toits cette vérité banale qui est au fond de tous les
esprits. Le malheur, c'est qu'ils terminent en proposant
la République ; pour peu qu'on attende, le pays fatigué
l'adoptera, faute de mieux.

Le second reproche que l'on peut faire au Septennat,
c'est de ne pas nous procurer d'alliances européennes.

C'est encore là un des résultats de la forme vague de
ce gouvernement. Les puissances étrangères ont la plus
grande confiance dans le maréchal de Mac-Mahon, mais
elles savent bien qu'il ne sera pas toujours à la tête de
la France. Elles ont vu, pendant l'année qui vient de
s'écouler, nos efforts ne pouvoir aboutir à une organisation sérieuse. Qu'arrivera-t-il quand le Maréchal ne sera
plus là ? Fera-t-on la Monarchie ? Fera-t-on la République ? Personne ne le sait. En présence de cet avenir
mystérieux, aucune des puissances continentales ne voudra
s'engager, et elle fera bien ; car cette alliance contractée
aujourd'hui par l'une d'elles avec notre pays, sous un
homme honnête et conservateur comme Mac-Mahon,
pourrait la lier plus qu'elle ne le voudrait à une République
quelconque succédant au gouvernement du Maréchal.

Et cependant jamais les alliances ne nous ont été plus
nécessaires. La Prusse réorganise son armée, si puissante
déjà. Nul ne se fait illusion sur ses desseins. Tomber
une deuxième fois sur notre pays ; épuiser les provinces
du Midi, comme elle a fait pour celles du Nord ; anéantir
complétement la France ; en finir une fois pour toutes avec

elle : voilà ce que M. de Bismark ne cesse de dire ou de faire dire. Pour atteindre plus sûrement son but, il s'efforce de nous séparer complétement de l'Europe. « Nous ne »devons pas, dit-il, rendre la France puissante en conso-»lidant sa situation intérieure et en lui procurant les »moyens de conclure des alliances avec les puissances »qui sont présentement amies de l'Allemagne... *Tant que* »*la France n'aura pas d'alliés, elle ne sera pas dangereuse* »*pour nous.* »

Que l'on regarde en Allemagne, en Suisse, en Italie, en Espagne ; partout nous voyons la main de la Prusse. En Allemagne et en Suisse, elle nous frappe en attaquant le catholicisme ; en Espagne, elle nous frappe en favorisant la République et nous créant, à la frontière, toutes sortes de difficultés ; en Italie, elle se fait des alliés par l'espé-rance du retour de Nice et de la Savoie.

Elle sait bien qu'elle n'a rien à redouter de l'Angle-terre. Cette dernière ne déclarait-elle pas dernièrement, par la bouche de lord Derby, qu'en cas de guerre l'An-gleterre agirait par *son appui moral* ? Nous avons appris à mesurer la force et l'utilité d'un appui de cette nature.

Comment pourrait agir l'Autriche ? Sadowa n'a pas fait oublier Solferino. L'Autriche se bornera probablement à défendre ses frontières, à maintenir l'intégrité de son territoire et à poursuivre l'assimilation des nombreuses races qui peuplent son empire.

Mais la Russie ? Ah ! voilà peut-être le point noir pour la Prusse. De toutes les grandes puissances, la Russie est la seule qui ait osé nous donner quelques marques réelles de sympathie. Cette nation, forte et supérieurement armée, peut décider du sort de l'Europe en se prononçant pour ou contre nous. La Prusse voudrait à tout prix l'empêcher de conclure une alliance avec la France ; elle travaille de son mieux dans ce sens ; il semble qu'elle n'a pu encore réussir. Ce serait à nous à forcer ces sympathies, à faire développer cette bienveillance encore en germe, à nous attacher pour jamais cette puissance considérable. Avec elle, nous pouvons lutter ; sans elle et isolés comme nous le serons, nous succomberons, en dépit des efforts les plus héroïques, sous le poids de ces cohortes prussiennes, fortes surtout parce qu'elles sont innombrables.

Je ne crois pas faire l'avenir trop sombre. Plaise à Dieu qu'il soit encore éloigné de nous ! Qui nous dit que dans deux ou trois ans la guerre ne sera pas déclarée ?

« S'il est évident, écrivait il y a quelques mois M. de »Bismark à M. d'Arnim, que les Français affectent des airs »belliqueux, l'empereur prendra les décisions nécessaires. »Le moment de cette décision ne peut pas être encore »venu. On peut prendre patience, eu égard à un pays où »personne ne sait le lundi ce qui arrivera le mardi. »

Le *moment n'est pas encore venu...*! Mais il est clair qu'il peut survenir au premier jour, demain, sinon aujourd'hui, mardi peut-être..... quand la Prusse le jugera bon. Il faut donc être prêt à tout. Il faut former au plus tôt avec la Russie une alliance forte et durable. Mais comment y parvenir si la République est chez nous menaçante, quoique cachée, si la religieuse et opulente Russie n'est pas sûre de notre lendemain et craint, en nous soutenant, de travailler pour ceux qui se glorifient de fusiller les prêtres, de brûler les palais, de renverser les trônes ?

En somme, au dehors, des rapports amicaux, mais pas d'alliances sérieuses ; au dedans, une tranquillité apparente dissimulant le volcan qui couve sous les cendres mal éteintes de la Commune : voilà ce que le Septennat nous donnera probablement.

Ah ! sans doute, en mettant en présence, d'un côté la dissolution ou la République, qui doivent sûrement consommer notre ruine, de l'autre le Septennat, qui peut à la rigueur nous sauver en nous faisant gagner du temps, on ne saurait hésiter. Mais, comme une Monarchie donnerait, au point de vue des alliances et de la tranquillité intérieure, des garanties beaucoup plus sérieuses que le Septennat, il me paraît utile, avant de choisir l'une ou l'autre des deux solutions que la Chambre *doit* adopter, d'examiner de nouveau et à fond cette question : A l'heure actuelle, *une* monarchie est-elle vraiment impossible ?

III.

J'établis d'abord en principe qu'à l'heure actuelle il ne peut y avoir de solution complétement satisfaisante. Il faut sortir de la crise à tout prix, ou, pour mieux dire, au plus bas prix possible ; voilà toute la question. Les moyens que nous emploierons pour nous sauver ne seront peut-être pas très-réguliers. Mais qu'importe ! La situation actuelle n'est-elle pas unique ? Avant tout, ne faut-il pas que la France vive et se relève ? — Oui, répondront sans hésiter tous les bons citoyens ; oui, c'est là ce qu'il faut, *avant tout*. — C'est bien ; alors, agissons.

La Monarchie avec l'avénement immédiat de Monsieur le Comte de Chambord est impossible.

La proclamation de la Monarchie, en reculant au terme des *six ans* le retour de ce prince, comme veulent le faire quelques membres de la droite, ne pourrait pas s'opérer non plus, car l'obstacle est là, toujours le même, toujours insurmontable. L'obstacle — il faut bien avoir le courage de l'avouer, dût cet aveu nous frapper dans nos traditions les plus respectables, nos instincts les plus profonds, nos sentiments les plus chers — l'obstacle est dans celui qui représente à l'heure actuelle le principe monarchique, dans cet homme au cœur noble et grand, mais dont la noblesse et la grandeur ne peuvent rien d'effectif pour la France.

A tort ou à raison, à tort sans aucun doute, le peuple ne connaît pas celui qui devrait être son roi, et le roi ne connaît pas davantage ceux qu'il espère un jour gouverner. Des préjugés qui n'ont fait que croître depuis un an, et qui augmentent tous les jours, s'élèvent entre ces deux éléments et s'opposent à toute entente. Bon nombre de nos députés proclameraient la République plutôt que la Monarchie avec Monsieur le Comte de Chambord ; et cela non par amour pour la République, non par haine pour la Monarchie, mais par un sentiment de crainte, de méfiance envers ce prince. C'est là un fait très-malheureux ; mais ce n'en est pas moins un fait sûr, clair, évident, trop évident pour ceux qui ne vivent pas seulement au milieu des légitimistes *purs,* mais qui peuvent entendre de çà et de là ce que les honnêtes gens de tous les partis disent chaque jour dans le pays de France.

Alors, que faire ? Faut-il donc renoncer à tout espoir

n'est ni la Royauté, ni la République. Puisque les périls viennent de cette dernière, il convient de la supprimer sans hésitation. Voilà pourquoi il serait utile de décider tout d'abord que la France devient une Monarchie constitutionnelle, et cela avant même de savoir quel en sera le souverain. Car, si cette dernière question était actuellement agitée, l'union ne pourrait s'établir et les divers groupes de la Chambre ne se rapprocheraient pas les uns des autres.

Il est bien entendu qu'aucun rapprochement ne peut être opéré entre la gauche et l'extrême droite, mais entre la droite modérée et le centre gauche, c'est-à-dire entre les gens raisonnables et convaincus et ceux qui ont la raison, mais dont la foi est chancelante. Les monarchistes de ce centre sont, par lassitude, tout près de devenir républicains ; ramenons-les à la foi première ; montrons-leur que la Royauté ne leur impose pas *nécessairement* Monsieur le Comte de Chambord; convertissons-les d'abord à l'idée monarchique, nous nous occuperons plus tard du choix du souverain. Comportons-nous, en un mot, comme nos adversaires, qui divisés sur la forme de la République, s'entendent tous très-bien — modérés ou violents — sur la question de la République elle-même.

Si ce premier pas était fait, nous aurions déjà beaucoup obtenu. Une fois rayés des papiers publics ces mots «République française», qui prolongent une erreur déplorable, les tentatives des républicains pourraient être légalement réprimées. A l'Assemblée le Président de la Chambre, dans le pays le maréchal de Mac-Mahon, seraient armés de toutes pièces pour arrêter des propositions ou mettre fin à des agissements qui seraient contraires à la décision prise par les députés. Le cri : «Vive la République!» étant devenu illégal, la paix commencerait à renaître, et les travaux législatifs pourraient être repris en toute sécurité.

Le premier souci de la Chambre devrait être alors l'ABOLITION DU SUFFRAGE UNIVERSEL. Voilà la nécessité la plus urgente, le premier besoin, presque le seul. Cette abolition est nécessaire en vue des élections générales qui donneraient, dans six ans, des successeurs aux députés actuels; elle est nécessaire plus encore, car le besoin est plus immédiat, à cause du renouvellement partiel de l'Assemblée.

Mais dans l'état actuel, toucher au suffrage universel est difficile. Une discussion à ce sujet déplacerait forcément la question en la transportant du terrain social sur le domaine de la politique. L'extrême droite défendrait le suffrage universel, parce que Monsieur le Comte de Chambord veut le maintenir ; les bonapartistes le défendraient, parce que c'est à eux qu'il doit son existence; le centre gauche, penchant en ce moment vers la République, se laisserait probablement entraîner par la gauche et voterait le maintien de l'ancienne loi. Au milieu de ces tiraillements, surviendraient les attaques habilement dirigées par nos adversaires, c'est-à-dire les questions personnelles qui envenimeraient le débat, et les questions dynastiques qui le passionneraient. En somme, le calme indispensable pour délibérer sur une réforme aussi sérieuse ferait complétement défaut.

Supposons au contraire que la Chambre, s'étant prononcée pour la Monarchie, soit saisie du même projet de le « Septennat monarchique » tel que je le propose, si l'on ne trouve rien de mieux ; mais agissons. Dans le cas où nous ne réussirons pas, nous aurons du moins le mérite d'avoir tenté quelque chose.

Puisque le danger est imminent, on peut se demander s'il ne conviendrait pas de proposer de suite à la Chambre le vote sur la question du souverain. De deux choses l'une : ou le projet que je propose est réalisable, et dans ce cas il y a tout avantage à en faire l'application immédiate sans attendre l'expiration du Septennat ; ou il n'est pas pratique, et alors les difficultés persisteront dans six ans comme aujourd'hui, car la proposition sera soumise à la même Chambre, discutée par les mêmes hommes, repoussée au nom des mêmes idées.

Il faut pénétrer ici jusqu'au cœur de la question.

D'abord, il est moralement impossible de diminuer la durée du Septennat. La loi du 20 novembre est formelle. Le Maréchal de Mac-Mahon a été placé pendant sept ans à la tête du pays ; il y est, il y restera, et nous sommes fort heureux de l'y voir. On peut modifier son titre, changer le nom de son gouvernement ; on ne peut mettre personne à sa place. Si la Chambre agissait autrement, si elle revenait sur une décision solennelle prise il y a un an à peine, elle se rendrait coupable d'une inconséquence qui la couvrirait de ridicule.

En second lieu, nous n'aurons pas dans six ans la même Chambre qu'aujourd'hui, car elle aura été partiellement renouvelée.

Ces deux raisons font comprendre la nécessité d'ajourner le vote de l'Assemblée nationale. J'ajouterai que

les esprits n'ont pas actuellement le sang-froid nécessaire pour traiter, avec toutes les garanties possibles,
une question d'une pareille importance. Il y a eu trop
de disputes, trop de luttes de partis. Il faut que le calme
succède à cette agitation. Nous obtiendrons cette paix
désirable en donnant à l'activité de nos représentants un
aliment plus sérieux que celui des espérances dynastiques, en employant leurs forces et leur intelligence à
la défense des intérêts du pays, non de ceux du monarque. Quand, pendant six ans, les conservateurs des
deux centres et de la droite n'auront eu en vue que la
patrie ; quand ils auront coopéré à la grande œuvre de
la réorganisation sociale ; quand ils se seront vus de près
sur un terrain commun d'où les questions brûlantes pourront être sans peine écartées, ils se connaîtront mieux,
ils s'apprécieront, ils seront bien près de s'entendre.

Mais l'on ne peut songer à s'occuper *uniquement* de
travaux législatifs, si la question de la République n'est
pas écartée tout d'abord. Nos adversaires ont le plus
grand intérêt à ce que l'accord entre les monarchistes ne
se maintienne pas ; ils ramèneront donc à chaque instant ces mêmes questions brûlantes. Sous prétexte de
demander la République — et ils pourront le faire,
puisque nous serons toujours dans le provisoire — ils
soulèveront des discussions de principes, ils reproche-
ront au centre gauche de se laisser gagner par la droite,
ils exciteront les uns contre les autres ces amis de la
veille ; à chaque instant l'union, obtenue à grand'peine,
sera exposée à disparaître.

Il y a là un danger réel. Pour l'écarter, il faut, sans
plus tarder, mettre fin à cette situation mal définie qui

de voir la royauté rétablie en France ? Je ne le crois pas
pour ma part; je suis au contraire de ceux qui pensent
que la proclamation de la Monarchie est encore possible
au moment présent. Entendons-nous. Il ne s'agit plus
ici de placer Monsieur le Comte de Chambord sur le trône;
il ne s'agit même plus de le proclamer roi à l'expiration du
Septennat ; il s'agit uniquement de déclarer dès à présent
que la Monarchie redevient le gouvernement du pays. —
Mais qui sera donc roi ? — Personne, *pour le moment.* —
Nous aurons donc un royaume sans roi ? — Pourquoi pas.

Comment ! vous voulez avoir une Monarchie sans monarque ! Mais c'est du dernier comique, c'est choquant,
c'est ridicule, c'est infaisable ! s'écrie-t-on de toutes parts.

Sans doute, au premier abord cette proposition paraît
irréalisable et absurde, je suis le premier à le reconnaître.
Mais examinons-la sérieusement — si c'est possible —
sans nous laisser rebuter par ce qu'elle offre d'étrange et
de bizarre.

Pourquoi n'aurions-nous pas, pendant une période limi-
tée, une Monarchie sans monarque ? Nous avons bien
un Président de République... sans République. Serions-
nous par hasard sous ce dernier gouvernement? Alors
pourquoi en demande-t-on la proclamation ?

Je n'assimile pas les deux situations ; mais je dis
qu'elles présentent au moins quelques rapports. Puisqu'on a accepté l'une, rien ne s'oppose à ce qu'à la rigueur
on accepte l'autre. On a pu réaliser cette chose sans pré-
cédents, que l'on appelle « Septennat », et l'on ne pourrait pas former un SEPTENNAT MONARCHIQUE ! Car, en
somme, c'est-là ce que je propose: *Un Septennat monar-*

chique, avec vote DE LA MÊME CHAMBRE, *dans six ans, pour décider à quel prince sera offerte la couronne.*

Ce projet aurait l'inconvénient d'établir un interrègne. J'avoue que cette idée ne m'effraie pas beaucoup. Il y a eu plus d'un interrègne dans la vie des peuples. Celui-là serait long, c'est vrai ; mais aussi, jamais on ne vit dans l'histoire crise semblable à celle que nous traversons actuellement.

Il semble, en vérité, qu'on oublie l'impasse étrange dans laquelle nous sommes enfermés. La République nous perd, l'Empire ne peut être établi, le Septennat est insuffisant, la Monarchie légitime est impossible à l'heure actuelle ; le comte de Paris, lié par la démarche du 6 août 1873, ne peut se poser comme prétendant... Alors, où allons-nous ? Tout s'écroule ; toutes les combinaisons ordinaires échouent ; il faut bien sortir des chemins battus.

Il le faut à tout prix, car le temps presse. Depuis le retour de l'Assemblée, la situation est devenue beaucoup plus tendue. La gauche connaît sa force, et elle l'affirme. Fière des succès remportés par elle dans les dernières élections municipales, elle ne veut plus attendre. « L'heure est venue d'en finir, » s'écrie-t-elle par la bouche de son nouveau président, M. Albert Grévy..., et elle proclame hardiment son programme : « République, ou dissolution ».

En face d'un péril aussi nettement dévoilé, toute indécision est coupable. L'ennemi s'est montré ; combattons-le. Si les lois constitutionnelles peuvent nous sauver, qu'attendons-nous ? Votons-les sans retard. Si ce moyen est insuffisant, faisons autre chose, ce que nous pourrons,

loi. D'abord le débat amène forcément beaucoup moins
de questions irritantes; que la République tente de repa-
raître et de troubler la discussion, on peut immédiatement
la mettre à l'écart. En second lieu, la plupart de ceux
qui auraient été ramenés à l'idée de la Monarchie générale voteraient contre le suffrage universel; les députés
du centre gauche, par exemple. Les conservateurs étant
à la fois plus nombreux et plus unis, la réforme électorale pourrait avoir lieu.

Ce résultat n'est pas absolument certain; en tout cas, il
ne faut pas se dissimuler qu'il ne serait pas facile à obte-
nir. Mais, s'il peut paraître douteux, alors qu'on suppose
unis dans une même pensée tous les monarchistes, c'est-
à-dire tous les ennemis du suffrage universel, les difficultés seraient bien autrement grandes si le projet de
réforme se trouvait en face d'un centre gauche hésitant
encore entre la Monarchie et la République.

La question se présente donc ainsi : aucun progrès
sérieux ne pourra être fait tant que le suffrage universel
ne sera pas aboli, et l'on ne peut espérer cette abolition
avant d'avoir ramené tous les conservateurs sur un terrain
commun. Cette région neutre ne saurait être la République, puisqu'elle ne conserve rien ; ce sera donc la
Monarchie, mais la Monarchie constitutionnelle, la seule
possible à notre époque. Unis sur ce terrain, nous pourrons
alors diriger toutes nos forces contre le suffrage universel
et lui faire prendre place parmi... *les monuments historiques*.

En ménageant au suffrage universel cette retraite ho-
norable, je ne crois pas que nous ayons à nous préoc-
cuper beaucoup des « nouvelles couches sociales » ; selon

toutes probabilités, elles s'inclineront sans broncher devant la décision de la Chambre, attendu que les mêmes « couches » devaient jeter feu et flamme lors de la suppression de la garde nationale, et qu'il a suffi d'une brigade de gendarmerie pour empêcher l'apparition de la plus mince fumée.

Ce résultat obtenu — et il ne sera pas de minime importance — nos députés poursuivront leur œuvre de législateurs, travaillant sérieusement à la réorganisation du pays et remettant à six ans les questions dynastiques.

A ce moment-là, par le fait seul de la suppression de la République et du suffrage universel, tant d'éléments de discorde auront disparu que l'entente entre les députés monarchiques sera plus facile. De plus, l'Assemblée aura été changée en partie et améliorée par les derniers votes garantis par une bonne loi électorale ; de telle sorte qu'elle se trouvera dans de bien meilleures conditions pour procéder au vote solennel qui clôturera son mandat. Il ne faut pas se dissimuler cependant qu'à ce moment l'agitation recommencera à la Chambre et dans le pays. Les partis se remueront, car l'instant sera venu pour eux de faire la récapitulation de leurs forces. Mais ils seront moins nombreux, puisque la République n'aura plus le droit de se mettre sur les rangs. Les discussions, même en les supposant passionnées et orageuses, ne sauraient avoir d'ailleurs, après les réformes sérieuses qui auraient été faites, les conséquences que notre situation troublée leur donne aujourd'hui.

Voilà donc pour la situation intérieure. Reste la question des alliances.

»être meilleur. Ce n'est pas nous qui considérerons jamais
»ainsi les choses de la France». Ces belles paroles ne sauraient être trop méditées. Avant de nous donner au monarque, nous nous devons à la patrie. Si la France nous est
chère à cause de son passé et de ses gloires, elle nous attache bien plus encore par ses malheurs. Dans leur orgueil à
vouloir décider de la destinée des princes et des peuples,
il en est qui disent : «La France n'a pas été assez punie, il
faut qu'elle souffre encore». Et qu'en savent-ils ? Dieu ne
leur a pas livré ses secrets, que je sache. S'il veut nous
punir, il n'a pas besoin d'eux pour le faire. Qui leur
affirme, *qui peut les rendre sûrs* que Dieu veut nous
frapper encore? Et s'ils n'en sont pas sûrs, quelle responsabilité de le penser, quelle folie de le dire !

Quand on voit jusqu'à quel point certains esprits bien
intentionnés peuvent se laisser égarer par la passion politique, on désespère presque de l'avenir, et l'on serait
tenté de croire qu'il entre dans les destinées de la France
d'être à tout jamais perdue par la faute de très-honnêtes
gens.

Il ne faut donc pas demander «le principe» coûte que
coûte. Une restauration par les voies régulières étant
impossible, tout ce que nous pouvons faire, comme je
l'ai déjà indiqué, c'est de donner au Septennat une déno-
mination monarchique, et de soumettre dans six ans la
question définitive à la Chambre. Celle-ci décidera alors
s'il faut accepter le principe de la légitimité, ou reconnaître une autre Monarchie.

Si ce dernier parti était celui qui prévalût, une dynastie
nouvelle commencerait, et celle ci, au bout d'un certain

nombre d'années, deviendrait peut-être légitime à son tour. Dans les grandes crises historiques, on voit quelquefois survenir de pareils changements. Le duc de France Hugues Capet, à la mort du carlovingien Louis V, fut proclamé roi, au détriment de Charles de Lorraine, oncle et successeur naturel de ce dernier; ce qui ne l'a pas empêché de devenir le chef de la race actuelle, légitimée par une longue possession du trône.

Plutôt que de laisser sombrer le pays, on ne devrait donc pas hésiter à accepter une Monarchie nouvelle. Mais nous n'en sommes pas là. Un changement de dynastie n'est pas nécessaire. Si c'était, en effet, le Comte de Paris qui était appelé au trône de France par le vote de la Chambre, la branche cadette deviendrait à un moment donné — Monsieur le Comte de Chambord n'ayant pas d'enfant — absolument légitime, et nous pourrions rentrer en plein dans le principe de la plus rigoureuse hérédité monarchique.

Car, ne jouons pas sur les mots, et reconnaissons les choses telles qu'elles sont. Il ne suffit pas que quelques hommes disent : « Les princes d'Orléans ont démérité; ils sont déchus; ils ont perdu tout droit à la couronne », pour qu'il en soit ainsi. Même avant la visite faite au chef de sa famille, le Comte de Paris était l'héritier naturel et légitime de Monsieur le Comte de Chambord. Ce titre, inhérent à sa personne, ne saurait lui être enlevé dans aucun cas ; il ne peut pas plus le perdre que son nom « d'Orléans ». Monsieur le Comte de Chambord, s'il monte sur le trône, deviendra simple usufruitier — non possesseur réel — de la couronne de France; après lui, sans *blique française* en perdrait plus encore, l'Europe ne se troublerait pas davantage.

Mais, pour peu que nous ne fussions plus en République, la pensée de l'ambition démesurée de la Prusse reprendrait probablement le dessus dans les conseils européens. La Russie penserait peut-être alors qu'il serait temps de s'allier à une monarchie française — même incomplète — pour combattre un trop redoutable voisin. Que ce fût Monsieur le Comte de Chambord ou le Comte de Paris, qui dans six ans gouvernât la France, peu importerait à la Russie ; le point capital pour elle serait de voir à la tête de notre pays un souverain, non un président de République.

Plus tranquilles à l'intérieur, moins préoccupés au dehors, nous pourrions donc attendre sans crainte le vote de la Chambre.

Ce vote serait sans appel. Le prince choisi par l'Assemblée serait installé sur le trône. La Chambre se dissoudrait alors, *mais alors seulement*, parce qu'elle aurait retiré complétement le pays de l'abîme dans lequel l'ont plongé la guerre et la révolution ; alors seulement, parce que, grâce à la nouvelle loi électorale, elle serait sûre de ne pas être remplacée par une Assemblée qui nous conduirait tout droit à la Commune.

La solution que je propose n'est pas celle qu'en vertu du droit monarchique on pourrait rigoureusement demander. Mais réfléchissons. Nous sommes, depuis un certain nombre d'années, hors la loi par rapport au principe de la légitimité. En vertu de ce principe, le trône ne devrait jamais être vacant, il l'est cependant ; l'état actuel est donc en opposition formelle avec les conditions de la monarchie héréditaire. Situation extraordinaire — si l'on se place toujours au point de vue du principe — et que l'on ne peut faire cesser à l'aide de procédés normaux. De plus, les difficultés sont telles que nous ne savons même pas si nous pourrons jamais rentrer dans le principe. Notre devoir est de l'essayer ; mais, si nous ne réussissons pas, une question se présente, inconnue jusqu'à ce jour, nette, fatale et demandant une solution rigoureuse:

DANS LE CAS OÙ IL SERAIT BIEN PROUVÉ QUE L'APPLICATION STRICTE DU PRINCIPE DE LA LÉGITIMITÉ NOUS PERDRAIT, *faudrait-il rester*, QUAND MÊME, *attaché à ce principe ?*

Pour ma part, je n'hésite pas à répondre par la négative.

Les ultra-légitimistes diront sans doute que le principe et la France ne font qu'un ; que ces deux éléments ne peuvent vivre l'un sans l'autre, et que par conséquent il faut rétablir le principe complétement, régulièrement, et cela à tout prix, quoi qu'il arrive.

Comment, à tout prix ! Même au prix d'une terrible secousse, d'une nouvelle Commune, d'une terreur qui serait peut-être plus effrayante encore que la première ? Si à cette question la réponse de mes coreligionnaires politiques était affirmative, je me séparerais d'eux pour jamais, car personne ne peut être sûr que la fin de toutes ces calamités ne serait pas la fin même du pays. Tant vaudrait-il dire alors: « Périsse la France, plutôt que le principe » !

Combien plus noble était le langage de Berryer en 1844: « Ce n'est pas nous qui jamais, dans la sincérité de notre »foi politique, avons rêvé des malheurs pour réaliser je »ne sais quelles espérances chimériques d'un avenir peut-

Une période de six ans permettrait peut-être à la France, *rendue à son ancienne forme de gouvernement*, de retrouver en Europe des gages plus sérieux que les sympathies stériles dont on l'entoure. Je dis « peut-être », car la chose n'est pas démontrée ; elle semble possible, cependant.

S'il y a une chance pour nous de contracter quelque alliance européenne, c'est en fermant la porte à la République. Dans une lettre confidentielle, adressée en novembre 1872 à M. d'Arnim, M. Balan écrivait que « dans sa situation actuelle, la France ne peut pas trouver des alliances ». Cette phrase s'appliquait à l'année 1872. Depuis, le fond de la situation n'a pas sensiblement changé. Au lieu de M. Thiers, nous avons à notre tête un homme absolument intègre, loyal et désintéressé; cet homme est assuré de conserver le pouvoir pendant six ans encore. C'est beaucoup, mais ce n'est pas tout, car le vague nous entoure, et chacun se dit avec inquiétude : Qui aurons-nous après Mac-Mahon ? Or, ce serait déjà un pas de fait vers le définitif et le réel, que d'avoir décidé que la France est une Monarchie constitutionnelle.

Il faut ajouter que pendant six ans nous aurions donné à l'Europe de sérieuses garanties. Nous nous serions débarrassés de la République et du suffrage universel ; ce n'aurait pas été là mince besogne. Les puissances seraient en droit de se dire : la nation qui a su accomplir un pareil travail viendra bien plus facilement à bout d'un vote sur la question du souverain ; elle a pu un jour rentrer dans la Monarchie, il est probable qu'elle saura s'y maintenir.

Notre situation intérieure se serait donc, aux yeux des

étrangers comme aux nôtres, sensiblement améliorée.
D'autre part, l'intérêt européen plaiderait en notre faveur.
Il est évident que la Russie a tout avantage à maintenir
la Prusse entre deux nations fortes et alliées. L'avantage
deviendrait capital si notre ennemie, non contente de
l'Alsace et de la Lorraine, voulait s'agrandir de nouveau
en nous déclarant la guerre ! Cependant la République
serait encore forte et agissante chez nous à ce moment-là,
l'Europe n'interviendrait probablement pas, car elle se
trouverait en présence de cette double éventualité: laisser s'agrandir la Prusse d'une façon inquiétante, mais
voir détruire pour jamais ce foyer de socialisme qu'on
appelle la France ; ou avoir une Prusse moins gigan-
tesque, mais laisser la France toujours menaçante pour
l'ordre social. Des deux maux, l'Europe voudra choisir le
moindre, et je me demande si le moindre, à ses yeux,
ne sera pas l'agrandissement de la Prusse.

On a beau dire que l'Europe ne tolérerait pas une se-
conde guerre semblable à celle de 1870 ; qu'elle a été
bien aise de voir notre orgueil humilié, mais qu'elle
saurait maintenir l'équilibre en s'opposant à une nouvelle
invasion de nos provinces. Ce sont là des phrases; rien
ne prouve qu'elles aient une signification sérieuse. En
1870, nous caressions des illusions à peu près sembla-
bles; nous comptions sur le secours des puissances;
qu'avons-nous trouvé? Pas un homme, pas un canon,
pas même une parole en notre faveur ; et cela alors que
la guerre durait déjà depuis cinq mois, que la leçon —
si leçon il y a — devait paraître bien assez forte, et
que Paris affamé était aux abois. Nous avons perdu
deux provinces, l'Europe ne s'est pas émue; la *Répu-*

qu'il ait à y songer et par la force des choses, elle passera aux mains de la branche cadette.

Le Comte de Paris est donc de toute façon l'homme de l'avenir : sa naissance lui donne des droits positifs au trône ; sa haute position, comme prince de la maison de France, peut en outre le désigner au choix de la Chambre. Dans ce dernier cas, accepterait-il la couronne ? C'est douteux, après la démarche du 6 août 1873. Il refuserait probablement ; soit qu'il fût désigné en premier lieu par le vote de l'Assemblée nationale, soit qu'on s'adressât naturellement à lui dans le cas où Monsieur le Comte de Chambord, choisi par la Chambre, ne consentirait pas à monter sur le trône.

Ce refus du Comte de Paris ne ferait pas tomber la solution que je propose. On pourrait toujours concilier le respect dû aux décisions de l'Assemblée nationale avec les nobles scrupules du chef de la branche cadette. Rien n'empêcherait, en effet, de placer ce prince à la tête du pays, en lui donnant le titre de lieutenant-général du royaume, titre qu'il conserverait jusqu'au moment naturel où il pourrait l'échanger contre celui de Roi de France.

Cette situation transitoire pourrait ne pas cesser de sitôt, mais le mal ne serait pas grand. La France donnerait, dans ce cas, un grand spectacle ; car, ne voulant pas porter atteinte au principe de la légitimité, et ne pouvant cependant jouir des bénéfices de ce principe, elle attendrait, dignement et sans crainte, le moment où il lui serait permis de rentrer dans la légalité monarchique.

Mon Dieu ! je sais bien que tout cela est un peu *idéal*, mais est-ce réellement impossible ?

Les légitimistes *purs* diront sans doute qu'agir ainsi

serait battre en brèche le droit monarchique, puisque nous ne voudrions pas reconnaître comme roi celui qui le représente ; que dès-lors le principe demeure à tout jamais sans force, etc.

Je ne puis partager cette opinion. L'épouvantable brèche de 1789 a-t-elle empêché la Restauration et les quinze années de prospérité qu'elle a données à la France? Un principe ne meurt pas, tant qu'il y a des gens qui le représentent ; et certes, il suffit de considérer la maison de France, si nombreuse et si vaillante, pour être sûr que le principe, chez nous, n'est pas près de mourir. Les événements nous réservent peut-être encore dans l'avenir plusieurs interrègnes ; il pourra se faire que l'ordre de succession au trône soit interrompu par de violentes secousses, mais la Monarchie survivra à tous ces bouleversements.

D'ailleurs, si ma proposition est acceptée, c'est à nous, légitimistes, d'empêcher que la moindre brèche soit pratiquée dans le principe monarchique. D'ici au 20 novembre 1880, ramenons à nous la majorité de l'Assemblée, de manière à assurer en faveur de Monsieur le Comte de Chambord le vote de la Chambre ; nous comblerons ainsi les vœux de tout le parti royaliste.

De tout le parti royaliste, sauf des membres de l'extrême droite, qui considéreraient peut-être comme peu digne du Prince d'accepter une couronne offerte dans ces conditions.

Je crois que depuis quelque temps on a fait intervenir la dignité dans une masse de circonstances où elle n'avait que faire. Vraiment, il s'agit bien de « dignité » quand la France croule ! Quel est l'homme — fût-il roi — qui se laisserait arrêter par un sentiment d'aussi peu d'importance, lorsqu'il s'agit de sauver le pays ? On peut reprocher à Monsieur le Comte de Chambord une attache trop forte aux anciens souvenirs, une appréciation peu exacte de l'état des esprits en France, une inaction peu en rapport avec les nécessités de l'heure présente ; mais la dignité vraie, la noblesse , le patriotisme, personne n'a le droit de les lui refuser ; et, certes, ce ne serait ni digne, ni noble, ni patriotique, de repousser toute combinaison possible et de se renfermer éternellement dans un « *non possumus* » qui ne peut avoir une portée sérieuse que . dans la bouche du Pape.

Mais enfin, si dans ces conditions — exceptionnellement heureuses, vu les circonstances — Monsieur le Comte de Chambord refusait la couronne; si, par une raison quelconque, le sauveur n'était pas en mesure de nous sauver; si, par un motif qu'il ne nous appartient pas d'examiner, le pilote ne pouvait mettre la main à la barre, il faudrait pourtant bien que quelqu'un fût placé au gouvernail. Le navire peut encore résister quelque temps, mais la tempête est effroyable, les récifs sont nombreux et menaçants. Que nous faut-il ? Une main, une main solide ! Si le pilote fait défaut, que l'on appelle le premier matelot venu, pourvu qu'il ait du cœur, du coup d'œil... et de la *poigne*.

Si dans ces conditions on venait dire au Comte de Paris: «Acceptez le titre de lieutenant-général , consentez à administrer le royaume» , il pourrait, il devrait même accepter.

Il le pourrait, car Monsieur le Comte de Chambord, par son refus persistant, aurait reconnu d'une façon implicite qu'il ne peut plus rien pour le bonheur du pays. Il le devrait, car il est de tout cœur à la France, et la France se meurt; et il n'est que temps d'agir, pour le passant charitable qui s'efforcera de réveiller quelques palpitations dans ce corps glacé qu'on laisse agoniser sans secours.

Je me résume en quelques mots.

L'incertitude et les angoisses de l'heure présente provenant de ce que le Septennat laisse subsister tout entières les espérances de chaque parti — d'où naissent des disputes incessantes, — il est urgent de mettre fin à cette agitation en arrêtant, sans plus tarder, une forme définitive de gouvernement.

La proclamation de la République devant avoir pour effet certain le retour de la Commune, il est nécessaire de se prononcer pour la Monarchie.

Le plus grand obstacle au rétablissement de la Monarchie provenant d'un manque d'entente entre Monsieur le Comte de Chambord et la plupart des députés conservateurs, il convient de proclamer dès à présent la Monarchie, sans parler pour le moment de Monsieur le Comte de Chambord ou du Comte de Paris, et en laissant, pendant six ans encore, le maréchal de Mac-Mahon gouverner la France.

Dans six ans, la Chambre procédera à un vote sur la question suivante : A quel Prince la couronne sera-t-elle offerte ? *Après quoi elle se dissoudra.*

Si Monsieur le Comte de Chambord est choisi et s'il refuse la couronne, elle sera offerte au Comte de Paris, héritier naturel du dernier représentant de la branche aînée.

Si le Comte de Paris ne veut, dans aucun cas, accepter la couronne du vivant de Monsieur le Comte de Chambord, il sera placé à la tête du pays avec le titre de

lieutenant-général du royaume, et cela jusqu'à ce qu'il
soit devenu, par la force des choses, le représentant du
droit monarchique.

Ce projet n'est pas d'une application facile, et il est
loin de satisfaire à toutes les exigences de la situation;
mais il ne paraît pas, du moins, absolument irréalisable.
En tout cas, il pourrait permettre à la plupart des honnêtes gens de s'entendre en formant dans la Chambre un
grand parti conservateur, au pays de sortir de la crise
par une solution conforme à ses traditions, à ses instincts
royalistes, à ses véritables intérêts.

Une majorité serait ainsi constituée. Composée des deux
centres et de la droite modérée, elle suffirait probablement pour entraîner les intransigeants *les moins féroces*,
en les faisant entrer dans cette voie de travail sérieux et
de solide législation, la seule voie véritablement utile.

Les députés de l'extrême droite repousseront cette
solution, ce n'est pas douteux. Ils auront tort peut-être,
car elle leur offre, en soumettant la question générale à
un vote de la Chambre reporté à la fin de 1880, une
chance assez sérieuse de voir « le Roi » remonter sur le
trône.

Quant aux membres du parti légitimiste qui constituent
la droite modérée, on peut espérer qu'ils se rallieront à
ce projet. Ce sera leur demander beaucoup. Ce sont eux
qui perdront le plus en consentant, car ils feront dé-
pendre, des chances toujours incertaines d'un vote, l'arri-
vée du souverain de leur choix. Mais, comme ce sont des
hommes de grand sens et de grande intelligence, comme
ils ont une idée très-exacte de la situation, ils verront que

s'il reste une chance en faveur de l'avénement de Henri V, c'est à la condition de gagner du temps, de permettre aux esprits de s'apaiser, à Monsieur le Comte de Chambord de réfléchir, au « Roi » et à la « nation » de conclure cette entente si désirée, si indispensable, si incertaine encore ; ils comprendront que l'organisation simple du Septennat nous laisserait probablement isolés en Europe, en face d'une guerre peut-être prochaine. Devant cette éventualité redoutable, ils feront taire leurs préférences, ils songeront à la France, ils verront l'intérêt vrai du pays, et, si un sacrifice est nécessaire, ils l'accompliront le front haut, sans hésitation et sans remords.

Si la droite et le centre droit soutiennent le projet, le centre gauche ferait-il opposition ? Est-ce que les légitimistes lui porteraient réellement ombrage ? Les membres de l'extrême droite, je le comprends à la rigueur ; mais ceux de la droite modérée, pourquoi donc ? Selon toutes les probabilités, une bonne partie de ce centre se serait ralliée, le jour du vote, au mouvement fusionniste de l'an dernier. Hé bien ! n'est-ce pas une sorte de fusion que je propose, une fusion de toutes les opinions monarchiques modérées, formant, par leur union sur un terrain commun, une barrière solide que la République ne pourrait jamais franchir ?

C'est donc à tous les monarchistes de bon sens et de bonne volonté qu'il faut s'adresser en ce moment. Il faut leur montrer: d'un côté, les incertitudes du Septennat, les effroyables conséquences de la dissolution, celles non moins terribles de la République; de l'autre, la Monarchie proclamée *idéalement*, la monarchie privée de cette enveloppe un peu antique qui effrayait tant les uns, et

ayant conservé cependant ces attributs de force et de
sécurité que les autres réclament avec raison; il faut leur
faire voir enfin la possibilité pour la France de retrouver,
sous l'égide de la forme monarchique, une tranquillité
assurée par de bonnes lois, et une sécurité garantie par
de bonnes alliances. Se laisseront-ils convaincre? C'est
ici que l'entente entre tous les conservateurs est nécessaire; et cette entente, personne ne sera-t-il donc assez
éloquent à la Chambre pour en faire voir l'urgence? Le
temps est passé des disputes vaines et des funestes déter-
minations. Il ne faut plus que le parti monarchique
modéré soit exposé à dire, comme Berryer en 1868 : «Ce
»n'est pas la première fois que je vois se séparer de moi
»des hommes sans doute bien intentionnés, mais qui,
»moins éclairés sur l'état des esprits en France et sur
»les moyens d'exercer une influence honnête et salutaire
»au milieu des opinions si diverses que nos révolutions
»ont fait naître, n'ont pas peu contribué à déterminer
»des résolutions fatales et à entraîner de douloureux
»événements.»

Puisque je me suis appuyé une fois encore sur la parole du grand orateur légitimiste, pourquoi ne rappelle-
rais-je pas que dans le courant de la même année 1868 il
écrivait à M. de la Combe : « *Le régime constitutionnel*
»*sera la loi et la condition vitale de l'avenir.* Empire,
»Royauté, République, ne pourront, si ce n'est s'établir,
»du moins subsister quelque temps avec honneur qu'en
»assurant au pays, dans la libre action de députés régu-
»lièrement et librement élus, le *self government* ?

Méditons cette pensée d'un homme qui ne saurait être
suspect aux Royalistes. Monarchistes, mais Français avant

tout, songeons avant tout à la patrie. Ce n'est pas affirmer la force de notre principe que de le considérer comme condamné à une inertie qui le conduirait tout droit à l'impuissance. Sachons nous plier aux circonstances. Résignons-nous à rester séparés, pendant plusieurs années encore s'il le faut, du droit monarchique ; mais efforçons-nous déjà de le rendre applicable dans l'avenir. *Avec Dieu pour la Patrie et pour le Roi* : telle doit être notre devise. Elle seule, peut-être, bien comprise et bien appliquée, nous permettra de sauver la France.

En résumé, ce qu'on *doit* faire c'est le SEPTENNAT MONARCHIQUE. On le doit et on le *peut*. Hésitera-t-on plus longtemps ?

Si cependant, faute d'une entente qui me paraît très-réalisable, le Septennat monarchique ne pouvait aboutir, que les membres des deux centres et de la droite modérée se réunissent au moins pour voter les lois constitutionnelles.

Cette organisation du Septennat est une ressource bien précaire, mais enfin c'est une ressource. La solution, si incomplète qu'elle soit, nous ferait au moins gagner du temps.

Si enfin, par une fatalité inouïe, sur ce terrain plus large encore que celui du Septennat monarchique, l'entente ne pouvait s'établir, oh ! alors, Maréchal, nous n'espérons plus qu'en vous.

FIN.